AF310938

Pierre
8° F
3707

8° P^{ièce}
F
3707

LA
PROTECTION LÉGALE
DES TRAVAILLEURS
EST-ELLE NÉCESSAIRE?

PAR

Raoul JAY

PROFESSEUR A LA FACULTÉ DE DROIT DE PARIS

Extrait de la *Revue d'Economie politique*, février 1902.

PARIS

LIBRAIRIE DE LA SOCIÉTÉ DU RECUEIL G^{al} DES LOIS ET DES ARRÊTS

FONDÉ PAR J.-B. SIREY, ET DU JOURNAL DU PALAIS

Ancienne M^{on} L. LAROSE & FORCEL

22, RUE SOUFFLOT, 5me ARROND^t

L. LAROSE, DIRECTEUR DE LA LIBRAIRIE

1902

LA
PROTECTION LÉGALE
DES TRAVAILLEURS
EST-ELLE NÉCESSAIRE ?

PAR

Raoul JAY

PROFESSEUR A LA FACULTÉ DE DROIT DE PARIS

Extrait de la *Revue d'Economie politique*, février 1902.

PARIS
LIBRAIRIE DE LA SOCIÉTÉ DU RECUEIL G^{al} DES LOIS ET DES ARRÊTS
FONDÉ PAR J.-B. SIREY, ET DU JOURNAL DU PALAIS
ANCIENNE M^{on} L. LAROSE & FORCEL
22, RUE SOUFFLOT, 5me ARROND^t
L. LAROSE, DIRECTEUR DE LA LIBRAIRIE
1902

LA

PROTECTION LÉGALE DES TRAVAILLEURS

EST-ELLE NÉCESSAIRE?

On ne rencontre plus guère d'hommes qui osent se proclamer les adversaires de toute protection légale des travailleurs. Nous savons aujourd'hui — l'histoire du xixe siècle nous l'a appris — quels abus peut permettre le régime de la liberté absolue du travail. Nous avons vu les cruelles expériences faites dans tous les pays industriels obliger, quelles que fussent ses doctrines, le législateur à intervenir [1]. Les illusions de nos ancêtres du xviiie siècle ne nous sont plus permises [2]. Les représentants les plus autorisés de l'école libérale

---

[1] M. Villermé écrivait, en 1840, à propos des manufactures de laine et de coton françaises : « Les deux industries n'exigent guère, il est vrai, de la part des enfants, qu'une simple surveillance. Mais pour tous la fatigue résulte d'une station beaucoup trop prolongée. Ils restent seize à dix-sept heures debout chaque jour, dont treize au moins dans une pièce fermée sans presque changer de place ou d'attitude. Ce n'est plus là un travail, une tâche, c'est une torture et on l'inflige à des enfants de 6 à 8 ans, mal nourris, mal vêtus, obligés de parcourir dès cinq heures du matin la longue distance qui les sépare de leurs ateliers et qu'achève d'épuiser le soir leur retour de ces mêmes ateliers ». M. Villermé concluait : « Le remède au dépérissement des enfants dans les manufactures, à l'abus homicide qu'on en fait ne saurait donc se trouver que dans une loi ou un règlement qui fixerait d'après l'âge de ces ouvriers un maximum à la durée journalière du travail ». *Tableau de l'état physique et moral des ouvriers*, p. II, p. 91.

On cita, dans la discussion de la loi de 1841, ce mot de l'archevêque de Rouen : « En ces jours de progrès et de découvertes, il faut une loi de fer pour défendre de tuer les enfants par le travail ».

[2] « M. de Gournay concluait que lorsque l'intérêt des particuliers est précisément le même que l'intérêt général, ce qu'on peut faire de mieux, c'est de laisser chaque homme libre de faire ce qu'il veut. Or il trouvait impossible que dans le commerce abandonné à lui-même, l'intérêt particulier ne concourût pas avec l'intérêt général ». Turgot, *Eloge de Gournay*, V. Robineau, *Turgot*, p. 11.

Jay   1

contemporaine ont, à maintes reprises, déclaré qu'ils ne faisaient aucune objection à l'intervention de la loi en faveur des enfants [1].

Ce serait cependant étrangement se tromper que de croire la cause de la protection légale des travailleurs complètement et définitivement gagnée.

On voit souvent ceux là mêmes qui ont reconnu la légitimité de la protection légale des enfants employés dans l'industrie se refuser à donner à cette protection l'extension nécessaire, persister surtout à combattre les mesures destinées à faire de cette protection une réalité, se montrer, en toutes occasions, les adversaires décidés de l'inpection du travail.

L'opposition de principe reparaît d'ailleurs immédiatement dès qu'il est question d'étendre la protection légale aux femmes et surtout aux hommes adultes et majeurs.

Voici en quels termes, le 25 juin 1896, M. Aynard indiquait à la Chambre des députés la position prise, sur ce point, par l'école libérale : « Cette école libérale prouve qu'elle admet l'intervention de l'Etat sur certains points... elle admet la protection des enfants, elle a voté pour la suppression du travail de nuit.... Mais ce qu'elle ne veut pas, c'est qu'on limite le travail des gens libres ; il y a des hommes, des femmes qui sont majeurs, et nous refuserons, sur ce point là, toute intervention de l'Etat » [2].

Il nous semble pourtant que les raisons mêmes sur lesquelles se fonde la protection légale des travailleurs n'autorisent aucune distinction de principe entre les mineurs et les majeurs.

Ne doit-on pas reconnaître au législateur le droit d'intervenir toutes les fois que les initiatives privées se montrent impuissantes à protéger les droits des individus ou des familles, inaptes à sauvegarder efficacement les intérêts généraux et permanents de la société ?

L'ouvrier a le droit de vivre et nous n'entendons pas par là seulement le droit de ne pas mourir de faim mais aussi le droit de mener

[1] Le 2 juin 1888, M. Frédéric Passy disait à la tribune de la Chambre des députés : « Je ne fais aucune espèce d'objection, je ne soulève aucune difficulté quant à ce qui touche à la réglementation du travail des enfants, sauf peut-être sur quelques points de détail ».

[2] M. Bérenger avait déjà dit, le 28 mars 1892, à la tribune du Sénat : « L'emploi de la loi nous paraît, en cette matière, plus qu'une erreur, une véritable hérésie. Le législateur n'a pas le droit d'intervenir pour régler les contrats entre majeurs jouissant de a plénitude de leur capacité et de leurs droits ».

une *vie humaine*. Il arrive que les conditions de travail que l'ouvrier est obligé d'accepter sont telles qu'il doit renoncer à mener cette *vie humaine*. Il arrive, par exemple, qu'un travail excessif et ininterrompu, qu'un salaire insuffisant, ne permettent pas à l'ouvrier la réparation de ses forces physiques, rendent impossibles l'exercice des droits, l'accomplissement des devoirs qui découlent pour lui, soit de sa qualité d'être intelligent, doué d'une âme comme d'un corps, soit de la situation qu'il occupe dans la famille, dans la société civile et politique [1]. N'est-il pas évident que, dans des cas pareils, la justice sociale exigera impérieusement l'intervention de la loi ?

Ne l'oublions pas, d'ailleurs, les intérêts généraux et permanents d'un pays peuvent n'être pas moins compromis que les droits des travailleurs par la situation que la population ouvrière est contrainte de subir.

La force, la valeur des nations est faite de la force, de la valeur des individus, des familles qui la composent. Nul ne contestera les redoutables conséquences qu'aurait pour l'avenir d'une nation l'emploi des enfants dans des conditions qui entraveraient leur développement physique et intellectuel, rendraient vaine toute tentative d'éducation morale et religieuse. La nation qui tolérerait longtemps un semblable abus se condamnerait elle-même à ne voir grandir que des générations décimées, sans vigueur ni énergie, presque fatalement vouées à toutes les ignorances et à tous les vices. Le mal, il le faut ajouter, ne limiterait pas ses ravages à la classe ouvrière. Les maladies contagieuses qui, des premières manufactures anglaises se répandaient dans tout le pays environnant [2], n'étaient qu'une manifestation de l'inéluctable solidarité, morale aussi bien que physique, qui lie toutes les classes d'une

---

[1] Dans le Message qui précéda l'élaboration de la loi sur le travail dans les fabriques, le Conseil fédéral suisse déclarait : « Il faut veiller à ce que la durée du travail dans la fabrique ne dépasse pas les bornes au-delà desquelles elle se trouve en contradiction avec les lois de l'existence physique, à ce qu'elle laisse à l'ouvrier la possibilité de remplir les devoirs et les obligations qui lui incombent comme homme et comme citoyen ».

[2] En 1796, le Comité d'hygiène organisé à Manchester, sous la présidence du Dr Perceval, constatait que les enfants et les autres personnes qui travaillaient dans les grandes manufactures de coton étaient disposées aux fièvres contagieuses, et qu'une fois nées, ces fièvres contagieuses se propageaient rapidement, non seulement parmi ceux qui vivaient dans les mêmes locaux mais aussi dans leurs familles et dans leur voisinage.

même nation. Mais pour sauvegarder l'intérêt national, il ne suffira pas de réglementer le travail des enfants.

« Protéger l'enfant et ne pas protéger la mère est un non sens », a pu écrire Jules Simon. On doit, croyons-nous, d'une façon plus générale, affirmer que l'intérêt national sera évidemment et gravement compromis toutes les fois que les conditions du travail mettront en péril l'existence ou la vitalité de la famille ouvrière. Que sera cette famille si le travail de l'usine oblige l'épouse et la mère à abandonner le soin de son intérieur et de ses enfants, si l'époux et le père est, tous les jours de la semaine, de l'aube au soir, absent du foyer domestique? Qu'importe, d'autre part, que la législation ait assuré l'éducation physique et morale de l'enfant si elle permet de briser, en quelques années, par un travail excessif ou malsain, les forces de l'adulte, si elle ne garantit pas à cet adulte les loisirs nécessaires pour l'ultérieur développement de son intelligence et de sa conscience?

Il est un minimum au-dessous duquel le souci des intérêts primordiaux de la société défend de laisser descendre les conditions de travail tant des majeurs que des mineurs. C'est ce minimum que les historiens du trade-unionisme ont heureusement qualifié de *minimum national*[1].

Assurer le respect de ce minimum national sera toujours et partout le devoir des pouvoirs publics. Mais il semble que ce devoir prendra, dans certains pays, un caractère plus impérieux. Je songe aux pays de service militaire obligatoire où la force de tous est la garantie de l'indépendance nationale, aux pays de suffrage universel où les destinées de la patrie dépendent de l'intelligence et de la moralité de la majorité des citoyens. Ne pourrait-on pas ajouter que la lenteur du développement de la population française nous impose d'une façon toute particulière la recherche des moyens propres à accroître la valeur de chacun des individus qui composent cette population?

Or, il est malheureusement incontestable que les conditions du travail restent encore souvent, en France notamment, au-dessous de l'indispensable minimum.

Sans doute la législation protectrice des travailleurs a fait, depuis quelques années, de véritables progrès. Et cependant notre légis-

---

[1] *Industrial democracy*, par Sydney et Beatrice Webb, p. 766 et s.

lation permet encore d'occuper dix heures par jour l'enfant de 13 ou même l'enfant de 12 ans muni du certificat d'études.

L'homme adulte qui ne travaille pas dans les *mêmes locaux* que des enfants ou des femmes peut se voir imposer des journées de douze heures ; dans des cas nombreux cette limite de douze heures elle-même pourra être dépassée ; aucune prescription légale ne protège ces hommes adultes contre les dangers du travail de nuit.

Rien n'a été fait pour leur garantir le repos du dimanche. Et qui ne voit cependant combien il est, au point de vue social, nécessaire que les travailleurs puissent consacrer au moins un jour sur sept à l'accomplissement de leurs devoirs de famille, d'hommes et de citoyens ? Comment, par exemple, les ouvriers retenus tous les dimanches à l'atelier pourront-ils prendre part aux élections législatives ou municipales ? Il est probable que le travail ininterrompu entraîne pour beaucoup d'entre eux une véritable déchéance de leurs droits politiques [1].

La législation protectrice des travailleurs ne s'est d'ailleurs jusqu'ici, à d'insignifiantes exceptions près [2], préoccupée que des travailleurs de l'industrie et, même dans l'industrie, elle n'a pas osé encore venir au secours des ouvriers et des ouvrières à domicile [3]. On sait

---

[1] La fixation légale du jour de repos au Dimanche s'imposerait lors même qu'on n'aurait à invoquer en faveur de cette fixation que les raisons d'ordre familial et social.

Ainsi s'explique le vote du Conseil supérieur du travail, qui, dans sa dernière session (juin 1901) consacrée à la réglementation du travail des employés de commerce, adoptait par 32 voix contre 1, la proposition suivante : « Sauf les cas exceptionnels qui seraient laissés à l'appréciation de l'administration, le jour hebdomadaire du repos sera le Dimanche ».

J'ajoute, qu'à mes yeux, la fixation du repos au Dimanche est également nécessaire pour permettre à l'ouvrier chrétien de remplir les devoirs que sa foi lui impose. Et je ne suppose pas que personne puisse désirer voir fixer à un autre jour le repos hebdomadaire dans la pensée de l'empêcher de remplir ces devoirs.

[2] Les plus intéressantes de ces exceptions sont contenues dans la loi du 7 décembre 1874, relative à la protection des enfants dans les professions ambulantes, et dans celle du 29 décembre 1900, d'après laquelle les magasins, boutiques et autres locaux en dépendant doivent être munis d'un nombre de sièges égal à celui des femmes qui y sont employées.

En règle générale, les employés de commerce, les ouvriers et employés de ce qu'on appelle cependant les petites industries de l'alimentation ne sont pas encore appelés à bénéficier de la protection légale. L'enquête faite par la commission permanente du Conseil supérieur du travail a cependant une fois de plus montré quelles décisives raisons on pouvait invoquer en faveur de la réglementation du travail dans les bureaux et magasins et les petites industries de l'alimentation.

[3] L'art. 1er de la loi du 2 novembre 1892 soustrait aux règles protectrices : « les travaux effectués dans les établissements où ne sont employés que les membres de la

pourtant qu'ils sont bien souvent les victimes de cette exploitation extrême à laquelle les Anglais ont donné le nom de *sweating system*.

Le comité de la Chambre des lords chargé de faire une enquête sur l'étendue et les causes du *sweating system* résumait ainsi son impression :

« Les maux que nous avons constatés peuvent difficilement être exagérés.

» Les gains de la classe inférieure des travailleurs sont tout juste suffisants pour soutenir leur existence.

» La durée de leur travail est telle que la vie de l'ouvrier n'est plus qu'une suite ininterrompue, de travaux incessants souvent fort durs et poursuivis dans des conditions insalubres.

» Les conditions sanitaires dans lesquelles le travail a lieu sont telles que non seulement la santé des travailleurs en peut être compromise mais même la santé publique, spécialement dans les métiers qui confectionnent les vêtements, car les maladies contagieuses sont répandues par la vente des vêtements faits dans les ateliers habités par des malades atteints de petite vércle ou d'autres maladies contagieuses » [1].

On a malheureusement plus d'une fois pu tracer, en France, des tableaux analogues.

L'enquête de l'Office du travail relève, pour certaines ouvrières de la confection des vêtements d'hommes, des salaires de 1 fr. 25, 1 fr. 20 ; 375 fr. pour un travail de 300 jours à Paris [2].

L'enquête faite par M. Bonnevay sur la situation des ouvrières lyonnaises travaillant à domicile, lui a montré les ouvrières d'habileté moyenne occupées dans l'industrie du tulle, au chenillage ou mouchetage, rémunérées suivant des tarifs aux pièces qui, pour douze heures de travail, leur donneront des salaires de 1 fr. 08 à 1 fr. 20. Et encore l'ouvrière devra-t-elle subir deux mois de morte-saison.

---

famille sous l'autorité soit du père, soit de la mère, soit du tuteur. Néanmoins, si le travail s'y fait à l'aide de chaudière à vapeur ou de moteur mécanique, ou si l'industrie est classée au nombre des établissements dangereux ou insalubres, l'inspecteur aura le droit de prescrire les mesures de sécurité et de salubrité à prendre ». Cf. art. 1er, §§ 2 et 3 de la loi du 12 juin 1893.

[1] Final Report of the select committee of the House of Lords on the Sweating system, 1890.

[2] Office du travail, *La petite industrie* (salaires et durée du travail), II ; *Le vêtement à Paris*, p. 316. Les documents que l'on trouvera dans ce volume ont été réunis et élaborés par M. P. du Marroussem et son colloborateur M. Charles Barrat.

La découpeuse de dentelles fera des journées de 0 fr. 75 à
1 fr. 50.

La culottière qui fait le pantalon de treillis pour les fournisseurs
militaires est payée à raison de 0 fr. 15 le pantalon. Elle en fait
environ six en douze heures.

La finisseuse de chemise reçoit 0 fr. 60 ou 0 fr. 50 par chemise.
Douze heures lui sont nécessaires pour en achever deux. Elle four-
nit son fil, ses aiguilles sur sa machine à coudre.

Ce sont là évidemment des chiffres extrêmes. M. Bonnevay
affirme cependant que, si l'on met à part les ouvrières qui travaillent
pour les articles de prix, le salaire se tient couramment au-dessous
de 2 fr. [1].

Qu'on songe, d'autre part, que le salaire de ces femmes est cal-
culé aux pièces, qu'elles sont obligées de payer le loyer de la
chambre où se poursuit leur labeur ininterrompu, que l'on n'oublie
pas que cette chambre est d'ordinaire fermée à l'inspection du
travail, et l'on comprendra quelles rigoureuses répercussions pourra
avoir l'insuffisance du salaire sur la durée du travail de l'ouvrière
et sur les conditions hygiéniques dans lesquelles elle travaille.

A Berlin, la Commission de statistique ouvrière a constaté que
la grande majorité des couturières en chambre travaillait treize à
dix-sept heures [2]. M. Levasseur estime qu'à New-York la moyenne
est de quinze heures.

« A Paris également, écrit M. Doublot, il n'est pas rare de trouver des ouvrières travaillant encore dans leur mansarde à une
heure du matin » [3].

Parfois le besoin de gagner le pain qui les fait vivre entraînera
la mère à imposer à ses enfants le surmenage qu'elle est obligée
de subir. Au cours d'une enquête faite à New-York, miss Helena
Campbells rencontrait une couturière qui avouait ne gagner sa vie
qu'à l'aide de ses deux petites filles âgées, l'une de sept ans, l'autre
de six. Dans la même ville, M. Levasseur a souvent vu des enfants
encore à l'ouvrage à onze heures du soir [4].

[1] M. Bonnevay, *Les ouvrières lyonnaises travaillant à domicile*, 1896, pp. 21, 23,
42, 87.

[2] Doublot, *La protection légale des travailleurs de l'industrie du vêtement*, 1899,
p. 95.

[3] Doublot, *eod. loc.*

[4] Doublot, *loc. cit.*, p. 96.

Quant aux conséquences morales de la situation économique faite à certaines ouvrières à domicile, elles se devinent malheureusement assez.

A la suite de sa consciencieuse enquête, M. Bonnevay a écrit ces lignes : « Si nous affirmons que c'est à l'insuffisance du salaire qu'est due l'inconduite de la plupart de celles qui tombent, ce n'est pas une simple hypothèse que nous avançons, c'est un fait dont la vérification est facile.

» Comparez la moralité générale des ouvrières qui travaillent pour les industries de luxe où les salaires sont ordinairement rémunérateurs avec celle de ces malheureuses filles, qui sur le tulle, le corset, la culotte, la chemise, doivent se contenter de 75 centimes à 1 franc par jour, et vous verrez la différence.

» Interrogez sur ce point les patrons, les contremaîtres, tous ceux du moins qui sont en rapport direct avec leurs ouvrières ; ceux qui appartiennent aux industries où le salaire est le plus bas seront ceux qui proclameront le plus haut l'indignité de leur personnel » [1].

Sans doute, la rémunération du travail est aujourd'hui, en général, beaucoup plus élevée dans la grande et la moyenne industrie. D'après les enquêteurs de l'Office du travail, le salaire moyen de l'ouvrier adulte du sexe masculin serait, pour toute la France, de 4 fr. 20 par jour; 6 fr. 15 dans le département de la Seine; 3 fr. 90 en province.

Pour l'ouvrière adulte, la moyenne serait de 2 fr. 20 par jour pour toute la France, 3 fr. dans le département de la Seine, 2 fr. 10 en province [2].

Il n'en est pas moins certain que, même dans la grande et moyenne industrie, le salaire sera encore, dans beaucoup de cas, insuffisant à permettre l'épargne, l'épargne sans laquelle l'avenir de la famille ouvrière reste exposé à de si cruelles incertitudes, l'épargne qui serait souvent pour cette famille le seul moyen d'empêcher l'ouvrier invalide ou devenu vieux de tomber à la charge de l'Assistance publique ou privée. « Aujourd'hui, déclarait en 1875 le rapport présenté à l'Assemblée nationale sur la situation des classes ouvrières, une famille, économe et laborieuse, dont les membres sont bien portants et à qui le travail ne manque pas,

---

[1] Bonnevay, *loc. cit.*, p. 91.

[2] Office du travail, *Salaires et durée du travail dans l'industrie française*, IV, p. 17.

peut suffire à ses besoins; mais dès qu'une de ces conditions n'est pas remplie, les privations commencent » [1]. La situation s'est-elle sensiblement modifiée depuis?

Souvent aussi le salaire que la femme, la mère aura été gagner à la fabrique permettra seul d'équilibrer le budget familial. Et l'on sait quelles sont, au point de vue social, les funestes conséquences d'un travail qui oblige les femmes mariées à déserter tous les jours leur intérieur pendant la plus grande partie de la journée [2]. Ces conséquences, une enquête allemande vient de les montrer une fois de plus.

La législation allemande contient déjà certaines dispositions destinées à assurer, dans l'intérêt de l'enfant et de la famille, une protection particulière aux femmes mariées employées dans l'industrie.

Ainsi, les femmes qui ont un ménage à tenir ont le droit de réclamer, au milieu de la journée, une demi-heure de repos supplémentaire toutes les fois que le repos donné à tous les ouvriers est moindre de 1 heure 1/2. Les mêmes femmes ne doivent pas être les samedis et veilles de fêtes retenues après 5 heures 1/2 du soir. Enfin, et surtout, les femmes accouchées ne peuvent, en aucun cas, rentrer à la fabrique moins de quatre semaines après leur accouchement; tant que six semaines ne se sont pas écoulées depuis cet accouchement, elles ne peuvent être admises au travail industriel que sur la présentation d'un certificat de médecin attestant que ce travail ne présente plus pour elles de danger.

Ces dispositions (que nous ne retrouverions cependant pas dans la législation française) paraissent insuffisantes. Au Reichstag, les députés de la fraction du centre ont, à plusieurs reprises, demandé une réglementation plus étroite du travail des femmes mariées. Leurs propositions n'ont pas, jusqu'à présent, abouti, mais elles semblent avoir eu pour effet de provoquer l'enquête à laquelle nous allons emprunter quelques renseignements.

---

[1] *Journal officiel*, 14 août 1875. V. *Cours d'Economie sociale*, par le R. P. Antoine, p. 619 et s.

[2] Le recensement professionnel de 1896 nous montre que dans l'industrie textile française il y a plus de 105 ouvrières pour 100 ouvriers. La proportion monte à 260 p. 100 dans l'industrie de la soie. Les femmes mariées représentent plus de 33 p. 100 du nombre total des femmes employées dans l'industrie. Dans l'industrie cotonnière, la proportion est de 40 p. 100, *Résultats statistiques du recensement des industries et professions*, IV, p. LXXXIV, CIII, CIV.

A la suite d'une résolution votée par le Reichstag, le 22 janvier 1898, les fonctionnaires de l'inspection du travail ont été invités à étudier spécialement, dans leurs rapports pour 1899, la question du travail des femmes mariées.

Une toute récente publication de l'Office impérial de l'intérieur nous présente, coordonnés suivant un plan méthodique, les renseignements fournis par l'inspection du travail dans les rapports de 1899 [1].

Aux termes mêmes de la résolution du Reichstag, les inspecteurs ont dû se préoccuper à la fois de l'importance du travail des femmes mariées, des causes, des dangers de ce travail, de la possibilité de l'interdire ou de le limiter. Nous nous contenterons d'appeler l'attention sur quelques-unes des constatations faites par les inspecteurs relativement aux causes et aux effets du travail des femmes mariées dans les fabriques.

Un fait sur lequel tous les rapports sont d'accord, c'est qu'au tout premier rang des causes qui font entrer la femme mariée dans la fabrique, il faut placer l'insuffisance du salaire du mari. Un grand nombre affirment que le revenu ordinaire de beaucoup d'ouvriers est insuffisant à assurer l'entretien d'une famille moyenne. Dans la Basse-Alsace, par exemple, le rapporteur est arrivé à cette conviction que pour satisfaire à ses besoins urgents, il faut à une famille de cinq ou six personnes un revenu régulier d'au moins 4 marks par jour. Mais il a, en même temps, dû reconnaître que, sauf des cas exceptionnels, le salaire du mari était de 10 à 55 p. 100 inférieur à ce revenu nécessaire. C'est là, pour lui, la raison du travail industriel de la femme.

Dans la circonscription de Plauen, on observe que là où le salaire du mari est relativement élevé et le travail régulier, la femme ne travaille plus que rarement hors de chez elle.

Plusieurs des rapports constatent qu'il est rare de trouver à la fabrique les femmes des ouvriers supérieurs ayant appris et sachant un métier; parfois on a même pu remarquer que ces ouvriers considèrent le travail des femmes mariées comme quelque chose

---

[1] Die Beschæftigung verheiratheter Frauen in Fabriken nach den Jahresberichten der Gewerbe-Aufsichtsbeamten für das Jahr 1899 bearbeitet im Reichsamt des Innern. Berlin, 1901. Cf. Die Erhebungen der Gewerbe-Aufsichtsbeamten ueber die Fabrikarbeit verheirateter Frauen. I. von L. Pohle. (Jahrbuch für Gesetzgebung-Verwaltung und Volkswirtschaft im Deutschen Reich, 1901. Viertes heft.)

de peu convenable, de choquant. Ils ne veulent pas, d'ordinaire, épouser les jeunes filles qui ont travaillé à la fabrique.

Nous n'insisterons pas sur les conséquences que le travail à la fabrique a pour la santé des femmes mariées. Ils sont nombreux les inspecteurs qui nous signalent le surmenage auquel est soumise la femme qui, après avoir passé dix ou onze heures à la fabrique, veut encore s'occuper de son ménage et de ses enfants.

Quelle que soit sa bonne volonté, ce n'est que dans des cas exceptionnels qu'elle pourra consacrer à son ménage, à ses enfants des soins suffisants.

L'incompatibilité, dans les cas les plus fréquents, du travail de la femme mariée à la fabrique avec l'accomplissement consciencieux de ses devoirs d'épouse et mère est un des faits qui ressortent le plus nettement de l'enquête allemande [1].

Le désordre, la malpropreté de son intérieur obligeant le mari à se réfugier au cabaret; une alimentation défectueuse impropre à réparer les forces de l'ouvrier, entraînant parfois pour la santé de tous les membres de la famille les plus fâcheuses conséquences, tels sont quelques-uns des résultats de l'absence de la femme du foyer domestique.

Mais c'est en ce qui concerne les enfants qu'apparaissent le plus brutalement les conséquences anti-sociales du travail des femmes mariées à la fabrique.

Bien que la loi allemande oblige les ouvrières à rester chez elles de quatre à six semaines après leur accouchement, la morbidité et la mortalité sont excessives parmi les enfants en bas âge dont les mères fréquentent la fabrique [2]. Cette morbidité, cette mortalité exceptionnelles paraissent devoir être attribuées au manque de

---

[1] V. *Die Beschœftigung*, p. 121.

[2] *Die Beschœftigung*, p. 136. Le rapporteur de la circonscription de Brême a pu comparer la mortalité des enfants dont les mères sont, pour la confection des cigares, employées à la fabrique, avec la mortalité des enfants dont les mères font le même travail chez elles. Chez les ouvrières de fabriques où il a rencontré 300 enfants vivants, il a constaté qu'il s'était produit une mort d'enfant pour 6,5 enfants vivants. Les ouvrières à domicile avaient 538 enfants. Elles n'avaient à déplorer qu'une mort d'enfant pour 11,2 enfants vivants. Un médecin fonctionnaire royal attaché au district de Plauen a observé que tandis que la mortalité générale diminuait, la mortalité des enfants en bas âge avait au contraire augmenté dans ce district à mesure que s'accroissait le nombre des fabriques. Sur 100 morts, il y avait en moyenne, de 1800 à 1824, 33,8 morts d'enfants; de 1825 à 1839, 32,4; de 1850 à 1899, 39,8 et de 1875 à 1899, 43,9 (*eod. loc.*, p. 189).

soins et aussi à l'allaitement artificiel. Les inconvénients inséparables de ce mode d'allaitement sont souvent gravement accrus par les conditions d'irrégularité, de malpropreté dans lesquelles il est donné.

Les conséquences déplorables de l'abandon de l'enfant ne se limitent pas à la première période de la vie de l'enfant. Il grandit sans presque connaître ses parents, sans que ses parents puissent acquérir sur lui une nécessaire autorité.

Bien que très sommaires, les quelques indications que nous avons données suffisent, je crois, à montrer que, malgré les progrès accomplis, la situation d'un grand nombre de travailleurs reste fort au-dessous de ce qu'exigent et la justice sociale et le souci des intérêts généraux et permanents de la communauté.

D'ordinaire, d'ailleurs, les adversaires les plus décidés de l'intervention de la loi, ne méconnaissent pas l'existence d'abus nombreux et graves, mais c'est uniquement de l'action de la liberté qu'ils en attendent une réforme suffisante et prochaine. Ils nous est malheureusement impossible de partager leurs espérances.

Nous reconnaissons, et sommes heureux de le pouvoir faire, combien, dans certains cas, l'initiative des patrons a pu améliorer la situation des ouvriers qu'ils emploient. L'enquête de l'Office du travail sur les salaires et la durée du travail dans l'industrie française a fait, une fois de plus, apparaître quelles différences peuvent, à ce point de vue, exister entre deux usines.

On lit dans les conclusions de la partie de l'enquête relative au département de la Seine :

« Nous avons trouvé fréquemment que dans un ensemble d'établissements exerçant la même industrie, au milieu des mêmes circonstances extérieures, les uns changent constamment d'ouvriers quand d'autres conservent le même personnel toute l'année ; les uns ont un travail très irrégulier, alors que la production présente chez d'autre une parfaite régularité, enfin, que les salaires diffèrent parfois notablement de l'un à l'autre.

» Il n'est possible d'attribuer ces divergences qu'à une seule cause, l'influence capitale de la direction même des établissements, c'est-à-dire en général du patron. L'action du patron, *dans les cas les plus favorables* peut avoir pour effet, non seulement de maintenir le développement de l'industrie au point où l'effet utile est maximum, mais encore d'atteindre ce résultat sans que la situation

du personnel occupé en souffre et d'assurer à ce personnel un salaire qui répartisse équitablement *et d'une manière durable* le pro-
fit que laisse une entreprise bien conduite » [1].

Mais, quelle que puisse être *dans les cas les plus favorables*
l'heureuse influence de la bonne volonté patronale, les expériences
faites nous paraissent, hélas ! démontrer que l'on ne saurait s'en
remettre uniquement à elle du soin de réaliser les nécessaires réformes.

Pourquoi le législateur est-il, au XIX° siècle, intervenu en Angleterre, en Prusse, en France, en Autriche, etc. ? Est-ce pour donner
satisfaction à quelque théorie *à priori* sur les droits et le rôle
de l'Etat ? Assurément non. Il est intervenu parce qu'il s'est trouvé
en présence d'abus extrèmes que l'initiative privée n'avait pas
réussi à faire disparaître. Et les abus se sont perpétués dans les
pays où le législateur n'intervenait pas. L'exemple de la Belgique
est à ce point de vue singulièrement frappant.

En Belgique les pouvoirs publics se sont, pendant la plus grande
partie du XIX° siècle, refusés à réglementer le travail. Il en résulte
qu'on a pu retrouver encore, en 1886, dans ce pays, des cruautés qui
ne le cèdent guère à celles qui avaient amené le vote des premières
lois anglaises.

Aujourd'hui même regardons autour de nous. L'initiative privée
a-t-elle supprimé le travail du dimanche, guéri la plaie hideuse du
sweating system ?

Voici un fait plus précis. Il y a longtemps qu'hygiénistes et mora-
listes sont d'accord pour proclamer les dangers que présente le travail de nuit, particulièrement pour les femmes. Et pourtant, on est
arrivé aux dernières années du XIX° siècle sans que l'initiative privée ait réussi à faire disparaître ce travail de nuit des femmes.
Bien plus, pendant la discussion de la loi de 1892, il suffisait que
le législateur semblât hésiter à le proscrire pour que ce travail s'in-
troduisît dans des usines nouvelles.

M. Waddington écrivait, dans le rapport qu'il déposait à la
Chambre des députés le 10 juin 1890 : « Les résultats de l'enquête
prouvent que le travail de nuit tend à se propager dans la région
du Nord et surtout dans celle de l'Est. Tout récemment et à la
suite du vote du Sénat (vote du Sénat repoussant l'interdiction

---

[1] *Office du travail, Salaires et durée du travail dans l'industrie française,* I, p. 552.

légale de ce travail), des industriels hostiles jusqu'alors à cette organisation l'ont appliquée à leurs établissements. Ainsi que nous l'avons dit plus haut, l'avantage de reporter sur une production accrue les frais résultant des impôts, de l'assurance, de l'intérêt des capitaux, de l'amortissement du matériel, constitue pour le producteur un bénéfice fort appréciable et rend la concurrence très difficile pour l'industriel qui travaille dans les conditions normales. Quelle que soit sa répugnance pour le travail de nuit, il est entraîné peu à peu ; aujourd'hui il est hostile, demain il hésitera, et dans quelque temps il imitera l'exemple de ses voisins moins scrupuleux. Si le législateur n'y met ordre, le travail de nuit gagnera peu à peu toutes les contrées où se pratiquent les différentes branches de l'industrie textile ».

Loin de nous la pensée de voir dans la dureté de la majorité des patrons la cause de cette impuissance relative de l'initiative patronale. Elle résulte, comme le montre M. Waddington, des fatalités mêmes de la concurrence industrielle. L'industriel qui ne se trouve pas dans *les cas les plus favorables*, qui ne jouit pas, au moins dans une certaine mesure, d'un monopole de droit ou de fait, qui fabrique « les articles courants » [1], ne peut pas se désintéresser de la concurrence.

Sans doute, les mesures qui améliorent la condition de l'ouvrier sont le plus souvent, en définitive, bienfaisantes pour l'industrie elle-même. Elles pourront cependant, si elles ne sont adoptées que dans un établissement, mettre, au moins momentanément, cet établissement en état d'infériorité à l'égard des établissements rivaux.

Il y aura en tous cas, pour l'industriel, un risque à courir, risque dont la perspective suffira à paralyser bien des bonnes volontés.

« On m'oppose, a dit M. de Mun [2], l'initiative individuelle. On reconnaît qu'il y a des abus, mais on s'en remet à l'humanité, à la charité du patron du soin de les corriger spontanément...

» Oui, sans doute, il y a des industriels charitables qui prendront

---

[1] Le 28 mars 1892, M. Waddington disait à la tribune du Sénat : « Pour les industries abandonnées à la concurrence et qui fabriquent l'article courant, il faut une règle générale, sans quoi, elles se trouvent dans un état d'infériorité qui, dans un moment de concurrence aiguë, ne leur permet pas de subsister. Voilà pourquoi nous ne pouvons pas attendre un progrès de l'initiative individuelle, pourquoi il ne se produira que quelques cas isolés et jamais une application générale de la mesure ».

[2] Séance de la Chambre des députés du 11 juin 1888.

de généreuses initiatives, qui restreindront les abus! Mais, permettez-moi de vous le demander : Que faites-vous de ceux qui ne les restreindront pas? Est-ce que vous ne voyez pas que ceux qui ne seront pas humains, qui continueront les abus, seront les plus forts et qu'ils battront leurs concurrents ?

» Et quelle situation faites-vous à ceux qui voudront être charitables? Vous les placez dans la plus affreuse des alternatives, entre leur conscience et leur intérêt. Et alors, devant la concurrence qui les presse, devant la ruine qui les menace peut-être, qui l'emportera, à quelles voix céderont-ils? M. Dupin le disait, il y a trente ans : Les maîtres charitables seront châtiés de leur vertu. C'est la réponse qui a été faite chaque fois que la question s'est posée, en Allemagne, en Angleterre, en France. »

Partout on a dit, comme ces fabricants de Reims que leurs ouvriers pressaient de réduire les heures de travail et qui répondaient : « Nous le voulons bien, nous sommes prêts, mais il faut que la loi l'ordonne pour tous, parce que nous ne pouvons pas désarmer devant nos concurrents ».

On a, à ce point de vue, le droit d'affirmer que bien souvent la réglementation légale du travail pourra seule assurer à la majorité des patrons, cette vraie liberté dont Louis Blanc disait : « La liberté ce n'est pas seulement le droit, c'est encore le pouvoir d'être libre » [1].

[1] Il est plus d'une fois arrivé, par exemple, qu'alors que la majorité, peut être l'immense majorité des commerçants d'une ville, était disposée à s'entendre pour fermer les magasins le Dimanche ou à une heure moins tardive de la journée, l'obstination de quelques individualités suffisait à empêcher l'entente de se réaliser ou de produire des effets pratiques.

En Angleterre et en Allemagne, les commissions d'enquête ont vu ces commerçants venir déposer devant elles, raconter l'insuccès de leurs tentatives, demander l'intervention de la loi comme le seul moyen de briser les résistances qu'ils rencontraient.

Au cours de l'enquête récemment faite par la Commission permanente du Conseil supérieur du travail sur les conditions du travail dans les magasins du commerce et de l'alimentation, le Directeur du travail a reçu la déposition des représentants du syndicat patronal de l'épicerie parisienne. Ce syndicat date de 1846. Il comprend plus de 3.000 membres.

Voici ce qu'on lit dans le procès-verbal de la séance tenue par la Chambre syndicale le 16 avril 1901 :

« Ensuite est venue la question de la possibilité d'un jour de repos hebdomadaire. Notre réponse a été celle-ci : le jour où toutes les maisons de l'alimentation sans exception, à la suite d'une loi, fermeront, nous ferons comme les camarades et nous ne seront pas fâchés de ce jour de repos. » (Conseil supérieur du travail, session de 1901,

Mais peut-être qu'à défaut de l'initiative patronale paralysée par la crainte de la concurrence, l'action des ouvriers eux-mêmes suffirait aujourd'hui à obtenir les réformes nécessaires et rendrait ainsi l'intervention de la loi inutile ?

C'est là une thèse fréquemment défendue par les adversaires de la protection légale des travailleurs. Ils reconnaissent que tant que l'interdiction des coalitions et des associations professionnelles condamnait l'ouvrier au contrat individuel, au *tête à tête* [1] forcé avec son patron, son infériorité économique ne permettait pas à cet ouvrier d'obtenir les conditions de travail auxquelles il aurait pu légitimement prétendre. Mais ils affirment que, libres de s'entendre et s'associer, les ouvriers sont aujourd'hui aussi forts, plus forts même parfois que ceux qui les emploient [2].

Défendre l'ouvrier contre la *tyrannie syndicale* serait même, au dire de quelques-uns [3], plus urgent et plus nécessaire que de le protéger contre les exigences des patrons.

Il n'est certes pas permis de contester les services éminents que l'association professionnelle a déjà rendus et surtout peut rendre encore aux travailleurs.

Les groupements professionnels ouvriers poursuivent, en réalité, le même but que la législation protectrice des travailleurs, l'amélioration des conditions faites au travail. Les moyens seuls diffèrent. Ce que prétendent les groupements professionnels, c'est substituer le contrat collectif conclu au nom de tous les ouvriers d'une usine ou même au nom de tous les ouvriers d'une industrie, au contrat d'individu à individu qui devait, d'après Chapelier, régler seul le prix de la journée [4]. Les chefs de ces groupements ont facile-

---

Rapports et documents sur la réglementation du travail dans les bureaux et magasins et dans les petites industries de l'alimentation, p. 33.)

Il est intéressant d'ajouter qu'en France comme en Allemagne, beaucoup d'épiceries sont au nombre des établissements où les conditions du travail sont les plus mauvaises, le travail prolongé, le travail du Dimanche fréquemment imposés à l'ouvrier.

[1] Sauzet, *Essai historique sur la législation industrielle de la France, Revue d'économie politique*, 1892.

[2] Voyez cette thèse développée d'une façon fort intéressante dans le discours prononcé par M. Fernand Faure, à la Chambre des députés, le 12 juin 1888.

[3] V. les observations présentées par M. Hubert Valleroux à la Société de législation comparée, dans la séance du 25 fév. 1901. *Bulletin mensuel de la Société de législation comparée*, mars 1901, p. 219.

[4] V. Germain Martin, *Les Associations ouvrières au XVIIIᵉ siècle*, Rousseau, 1900, p. 241 et s.

ment compris que si, dans la grande industrie, l'ouvrier isolé est, en réalité, une quantité négligeable pour le patron, il n'en saurait être de même de la masse ouvrière dont la désertion peut, d'un jour à l'autre, arrêter la production. Certaines associations professionnelles sont, par ce moyen, arrivées à de remarquables résultats.

Sidney et Beatrice Webb nous ont montré l'organisation de l'Union des *Boilermakers and Iron-Shipbuilders*, permettant la formation de trois contrats collectifs superposés[1]. Le premier intervient entre la direction centrale de l'Union et l'Association nationale des patrons, *The employers federation of Shipbuilding and Engineering Trades*. Il règle, pour tout le Royaume-Uni, certaines questions comme celles de l'apprentissage, du taux moyen des salaires. Un second contrat collectif est conclu entre le Comité de district de l'Union et l'Association locale des patrons. Il détermine, avec plus de détails, les conditions du travail, tout en restant dans le cadre tracé par le premier contrat. Enfin, un troisième contrat collectif se forme entre l'équipe d'ouvriers qui entreprend un ouvrage déterminé, — la construction d'un navire, par exemple, — et le patron. Mais les clauses de ce troisième contrat ne peuvent pas être en contradiction avec les règles posées dans les deux premiers.

Il est certain que la réglementation des conditions du travail par le contrat collectif est, à certains égards, supérieure à la réglementation par la loi. Elle est plus souple, plus facilement modifiable, peut ainsi mieux tenir compte de la diversité des industries et des procédés techniques, des conditions locales, comme des changements qu'impose sans cesse le progrès scientifique.

D'autre part, l'exécution du contrat collectif sera d'ordinaire mieux garantie que celle de la loi, chaque ouvrier étant toujours à même de dénoncer immédiatement aux directeurs de l'association à laquelle il appartient les violations du contrat collectif dont il serait victime ou témoin.

Affirmer que la réglementation par le contrat collectif sera toujours et à tous les points de vue préférable à la réglementation par la loi serait cependant, à notre avis, excessif.

Ce n'est souvent pas sans lutte que la réglementation par le contrat collectif s'imposera aux ouvriers et aux patrons.

[1] Sidney and Beatrice Webb, *Industrial Democracy*, p. 176.

Pour qu'une association ouvrière puisse, au moyen du contrat collectif, régler avec complète efficacité les conditions du travail, il semble nécessaire que cette association possède sur tous ceux qui exercent le métier une véritable souveraineté de fait.

C'est le cas de l'*Union des Boilermakers and Iron-Shipbuilders*. « Aujourd'hui, écrit M. André Fleury [1], l'Union de M. Knight s'est assuré le monopole des emplois dans l'industrie des constructions navales et le défend avec âpreté... Sa puissance est telle, que dans les chantiers du Nord, un ouvrier qui n'en fait pas partie ne peut trouver du travail ; un patron qui l'embaucherait verrait ses chantiers immédiatement mis en interdit par le comité exécutif des *shipbuilders*. Aussi un ouvrier exclu de l'Union est-il par là même exclu du métier et obligé de chercher une autre profession ».

Mais les rares associations qui se sont assuré une pareille souveraineté, n'y sont souvent arrivées que par des moyens regrettables, mises à l'index, boycotts ; parfois même des violences plus ou moins caractérisées auront été exercées contre les dissidents [2].

Cette souveraineté acquise, il faudra encore que l'association se fasse reconnaître des patrons, obtienne d'eux les conditions de travail que l'intérêt des ouvriers lui paraît exiger. Il sera fréquent que patrons et ouvriers ne s'entendent qu'après s'être longuement et vivement combattus. Souvent le contrat collectif apparaît comme une de ces traités de paix que les belligérants ne se décident à signer que lorsqu'ils ont longtemps, les uns et les autres, souffert des maux de la guerre. Ces maux, l'intervention pacifique et souveraine de la loi les aurait épargnés à l'industrie et au pays.

La force nouvelle que l'association a donnée aux ouvriers leur permettra-t-elle d'ailleurs toujours d'obtenir d'équitables conditions de travail ?

Nous croyons qu'il n'en serait pas toujours ainsi alors même que les associations ouvrières seraient toutes arrivées à grouper dans leurs rangs l'immense majorité ou même l'unanimité des ouvriers de la profession. En même temps que les ouvriers, les patrons s'organisent aussi de leur côté. Aux syndicats professionnels ouvriers ils opposent, non seulement des syndicats professionnels patronaux de plus en plus nombreux, mais encore ces grandes

[1] *Le trade unionisme en Angleterre*, par Paul de Rousiers, p. 245.

[2] V. J. Paul Boncour, *Le fédéralisme économique, étude sur les rapports de l'individu et des groupements professionnels*. Paris, Félix Alcan, 1900.

coalitions de producteurs, coalitions nationales et même internationales qui sont un des phénomènes les plus intéressants de l'évolution industrielle contemporaine.

Qui l'emporterait de l'armée ouvrière ou de l'armée patronale, le jour où ces deux armées se trouveraient en face l'une de l'autre, également unies et disciplinées ?

Nous sommes, quant à nous, disposé à penser qu'entre les patrons associés et les ouvriers associés, quelque chose au moins subsisterait de l'inégalité qu'Adam Smith constatait entre l'ouvrier isolé et le patron isolé lorsqu'il écrivait : « Dans ces sortes de disputes (entre ouvriers et patrons), les maîtres peuvent tenir bien plus longtemps... A la longue, les maîtres ne peuvent pas plus se passer de l'ouvrier que l'ouvrier du maître ; mais le besoin qu'il en a n'est pas aussi urgent » [1].

C'est un fait remarquable que les trade-unionistes anglais, qui avaient longtemps cru pouvoir se passer de la protection du législateur, ont aujourd'hui, en très grande majorité, changé à ce point de vue d'attitude. L'intervention de la loi est chaque année vivement réclamée par quelques-unes des plus fortes organisations ouvrières anglaises.

Il est toujours, il faut cependant le reconnaître, difficile de savoir ce que peut nous réserver un lointain avenir. Ce qui est incontestable, c'est que le jour n'est pas encore arrivé où l'association professionnelle groupera tous les ouvriers ou seulement la majorité d'entre eux.

Nous devons ajouter que ce jour ne paraît pas devoir être très prochain.

Au 1er janvier 1901, le nombre des ouvriers français syndiqués n'était que de 588.832 [2], alors que d'après le recensement professionnel, le nombre des ouvriers et employés de la seule industrie (transports compris) s'élève à 4.844.000 [3]. En Angleterre même, où le mouvement trade-unioniste est déjà ancien, la grande majorité, les 3/4 ou les 4/5 peut-être des travailleurs restent encore en dehors des groupements professionnels.

Il est sans doute fréquent qu'un syndicat ait sur les conditions

<hr>

[1] Adam Smith, *La richesse des nations*, liv. I, ch. VIII.
[2] *Annuaire des syndicats professionnels*, 1901.
[3] *Résultats statistiques du recensement des industries et des professions*, IV ; *Résultats généraux*, p. LXIV.

du travail une influence plus grande que ne semblerait l'indiquer le nombre de ses adhérents.

Au 15 septembre 1898, le syndicat parisien des terrassiers ne comprenait pas 200 membres. On a vu cependant quelques jours après 15.000 ouvriers quitter le travail pour appuyer les revendications formulées par ce syndicat [1].

L'effectif permanent du syndicat joue quelquefois le rôle de l'armée active, destinée à servir de cadre à tous ceux qu'une mobilisation peut quelque jour rappeler au service.

Cependant la dernière statistique des grèves indique que dans 552 seulement des 902 grèves constatées en 1900 les ouvriers appartenaient en tout ou en partie au syndicat de la profession. Dans 42 cas seulement les syndicats ont fourni des secours réguliers aux ouvriers qui avaient cessé le travail [2].

Enfin, il n'y a pas de syndicat précisément là où leur action serait le plus nécessaire, dans les professions où les conditions du travail sont les plus déplorables, parmi les travailleurs à domicile qui subissent les extrémités du *sweating system,* et il semble bien difficile que d'eux-mêmes ces travailleurs isolés, sans loisirs et sans ressources, puissent réussir à former des groupements de quelque durée et solidité. Pour Mᵐᵉ Sidney Webb la preuve est aujourd'hui définitivement faite. Après avoir déclaré qu'il n'y a jamais eu dans aucune profession *sweated* une trade-union capable d'imposer une réglementation du travail, elle ajoute : « Après un siècle entier de tentatives, nous pouvons avec pleine certitude affirmer qu'il n'y aura jamais une trade-union ayant cette puissance » [3].

Comment, après de pareilles constatations, ne pas reconnaître que restreindre l'intervention de la loi à la protection des mineurs, c'est délibérément renoncer à porter efficace et prochain remède à des maux dont la gravité et la fréquence ne peuvent être contestées ?

Sans doute, pour être bienfaisante, l'action de la loi devra être ménagée, de façon à éviter tout ce qui paralyserait les initiatives privées et spécialement le développement des organisations profes-

---

[1] Office du travail, *Les associations professionnelles,* p. 277.

[2] Office du travail, *Statistique des grèves et des recours à la conciliation et à l'arbitrage nouveaux pendant l'année 1900,* p. VI.

[3] V. *The case for the factory Acts,* 1901, p. 72.

sionnelles. Parfois, souvent même, particulièrement lorsqu'il s'agira d'agir sur le taux des salaires, le concours de ces organisations apparaîtra comme la condition préalable et nécessaire de l'intervention légale.

Associer, pour l'œuvre commune de l'amélioration des conditions du travail, les efforts des groupements professionnels et l'action de la loi, tel est à nos yeux le but à poursuivre [1].

Les groupements professionnels sont en situation de fournir au législateur la connaissance détaillée des conditions diverses de l'industrie, en état de procurer à l'inspection du travail des collaborateurs présents, à toute heure, dans tous les ateliers.

De son côté, la loi peut créer le groupement professionnel là où il fait défaut, mettre elle-même en présence les représentants des ouvriers et des patrons; enfin, dans la mesure où elle le jugerait utile aux intérêts des ouvriers et de l'industrie, rendre obligatoire pour toutes les personnes qui exercent la profession, la réglementation édictée par le groupement professionnel [2].

[1] V. Raoul Jay, L'organisation du travail par les syndicats professionnels, *Revue d'économie politique*, 1894; L'évolution du régime légal du travail, *Revue politique et parlementaire*, 1897.

Il serait très désirable qu'à l'action de la loi et des groupements professionnels vînt s'ajouter l'action du *consommateur* résolu à n'acheter que des objets fabriqués dans des établissements qui ne surmènent pas les travailleurs et leur paient un salaire suffisant. C'est à cette action que fait appel la *marque syndicale*. Il arrivera malheureusement que le consommateur ne trouvera parfois sur le marché que des marchandises fabriquées dans les plus fâcheuses conditions de travail (V. *The case for the factory Acts*, p. 17). D'ordinaire, d'ailleurs, le consommateur sera incapable de se rendre compte des conditions dans lesquelles auront été confectionnées les marchandises qui lui sont offertes. Très intéressantes à ce point de vue sont les *Ligues de consommateurs* qui se sont fondées aux Etats-Unis pour renseigner les acheteurs. Voir sur la responsabilité de l'acheteur et les ligues américaines, l'article de Mme Henriette Jean Brunhes : Les ligues de consommateurs, *Association catholique*, 1901, p. 385. L'article porte en épigraphe ces mots de John Ruskin : « Dans tout achat, considérez premièrement les conditions d'existence que vous faites aux producteurs de ce que vous achetez ».

[2] Les Conseils du travail établis en Belgique, en Hollande et tout récemment en France paraissent devoir très efficacement promouvoir cette action commune de la loi et des groupements professionnels. En France, particulièrement, « le Conseil du travail, dans ses sections professionnelles, aura véritablement le caractère d'une commission mixte formée entre syndicats ouvriers et patronaux de la même profession » (Rapport du Ministre du commerce au Président de la République). Il devra « éclairer le gouvernement, et aussi les intéressés, patrons et ouvriers, sur les conditions réelles et aussi sur les conditions nécessaires du travail... Les conditions du travail deviennent, avec le développement du machinisme et des transports, de plus en plus complexes. Appelé quotidiennement à intervenir pour la protection légale des travailleurs, le gouvernement a besoin d'être informé par des corps importants auxquels

Il est probable qu'une organisation du travail, dans laquelle les groupements professionnels joueraient un rôle prépondérant, permettrait de rendre l'intervention de la loi plus rare et surtout plus indirecte.

Il ne semble pas qu'elle doive jamais rendre cette intervention entièrement inutile.

Ce qui est en tout cas certain, ce que n'a pas le droit d'oublier quiconque ne se désintéresse pas du sort des travailleurs, c'est que beaucoup de ces travailleurs souffrent encore d'abus graves et nombreux et que seule, dans les conditions actuelles de l'industrie, l'intervention de la loi peut assurer une réforme suffisante et suffisamment prochaine de ces abus.

leur composition assure une compétence et une autorité spéciales, à qui il puisse confier certaines études, demander des avis avec de sérieuses garanties d'exactitude et d'impartialité » (même rapport). Auxiliaires du législateur, les Conseils du travail devront aussi, dès maintenant, aider à la bonne application de la législation dont ils auront facilité la préparation. « Ils devront, écrit encore le Ministre du commerce dans le même rapport, suivre et signaler aux pouvoirs publics les effets produits par la législation protectrice du travail ». L'art. 2 du décret du 17 septembre 1900 donne aux Conseils du travail pour mission « de présenter sur l'exécution des lois, décrets et arrêtés réglementant le travail et sur les améliorations dont ils seraient susceptibles un rapport annuel qui sera transmis au Ministre du commerce et de l'industrie ». Les Conseils du travail sont ainsi destinés à fortifier l'action de la loi. Ils sont appelés aussi à ouvrir les voies à la formation du contrat collectif. Ils devront « faciliter les accords syndicaux et les conventions générales entre les intéressés, fournir, en cas de conflit collectif, les médiateurs compétents qu'offrent, au point de vue judiciaire, les bureaux de conciliation prud'hommaux ».

25,397. — Bordeaux. Y. Cadoret, impr., rue Poquelin-Molière, 17.

DU MÊME AUTEUR

Etudes sur la question ouvrière en Suisse. Paris, Larose, 1893.

L'organisation du travail par les syndicats professionnels (*Revue d'Economie politique*, 1894).

L'assurance ouvrière et la caisse nationale des retraites (*Revue politique et parlementaire*, 1895).

Un projet d'assurance contre le chômage dans le canton de Bâle-Ville (*Revue d'Economie politique*, 1895).

L'évolution du régime légal du travail (*Revue politique et parlementaire*, 1897).

L'assurance ouvrière obligatoire (*Revue d'Economie politique*, 1899).

Le marchandage (*Revue d'Economie politique*, 1900).

L'assurance obligatoire contre le chômage à Saint-Gall (*Revue politique et parlementaire*, 1894-95-96).

La limitation légale de la journée de travail dans l'industrie française (Rapport au Congrès international pour la protection légale des travailleurs, 1900).

Une forme nouvelle d'organisation du travail par les groupements professionnels (*Revue d'Economie politique*, 1901).

25,397. — Bordeaux, imprimerie Y. CADORET, 17, rue Poquelin Molière.

www.ingramcontent.com/pod-product-compliance
Ingram Content Group UK Ltd.
Pitfield, Milton Keynes, MK11 3LW, UK
UKHW021351100726
13657UKWH00006B/2035